L651.417.

QUEL EST LE MEILLEUR
GOUVERNEMENT?
QUEL EST LE LÉGITIME?

PARIS. — IMPRIMERIE ET FONDERIE DE FAIN,
RUE RACINE, N. 4, PLACE DE L'ODÉON.

QUEL EST LE MEILLEUR

GOUVERNEMENT?

QUEL EST LE LÉGITIME?

PAR UN CURÉ.

> En moins de quinze jours nous avons vécu plus d'un siècle, ou, pour mieux dire, bien des siècles, puisque nous avons vu ce qu'on n'a pas vu depuis que le monde existe.
> (*Extrait de l'ouvrage.*)

> Le premier souverain qui au milieu de la première grande mêlée embrassera de bonne foi la cause des peuples, se trouvera à la tête de l'Europe, et pourra tenter ce qu'il voudra.
> (*Parole de* BONAPARTE.)

Paris.

CHEZ LES MARCHANDS DE NOUVEAUTÉS.

1831.

ERRATA.

Pages. 5, lig. 24. Ce même semble; *lisez :* ce me semble.

41, lig. 26. *Quæ sunt autem a Deo, ordinata sunt;* lisez : *quæ autem sunt, a Deo ordinata sunt.*

63 (note). La garde nationale qui servit, etc.; *lisez :* l'absence de la garde nationale, qui aurait servie, etc.

INTRODUCTION.

On sera peut-être étonné de voir un curé s'occuper de la politique : mais un curé qui connaît et qui remplit ses devoirs, loin d'être l'ennemi de la société, comme les détracteurs de la religion ont voulu le persuader, en est le meilleur ami et se fait une étude de tout ce qui peut être utile à ses semblables ; l'étonnement cessera quand on saura que l'auteur est avocat, qu'il connaît toute la justesse de la pensée de Jean-Jacques, ainsi conçue : *Sitôt que quelqu'un dit des affaires de l'État*, « *peu m'importe* », *l'État est perdu.*

Comme la France ne s'est jamais trouvée dans la position où elle est aujourd'hui, c'est aux amis de la patrie d'émettre leur opinion lorsqu'ils croient qu'elle peut être utile. Des oies n'ont-elles pas jadis sauvé le Capitole? Il n'est pas de sot, dit un proverbe espagnol, de qui un sage ne puisse recevoir un bon conseil.

Pline le jeune justifie la conduite de ceux qui cherchent à se rendre utiles à leur pays, lorsqu'il dit : « Notre vie n'est pas à nous. Nés dans une société dont nous devons partager les travaux, comme les avantages, il ne nous est pas permis de jouir du repos avant le temps sans nous être acquittés envers la patrie, et sans avoir, pour ainsi dire, obtenu le congé de la nature, qui ne nous permet de rester inutiles qu'au moment où elle nous force à l'être. »

Pompée pensait comme Pline. Sa réponse en est la preuve. On le chargea, dans un temps où Rome était affamée, de faire venir des vivres. Comme ses amis le conjuraient de ne pas s'exposer en mer durant une tempête, ce grand homme répondit : « Il est nécessaire que j'aille, et non que je vive. »

Pour moi, je crois, comme Pline et Pompée, que nous sommes tenus de consacrer au profit de la société le peu de facultés, de moyens que Dieu nous a accordés, et de l'emploi desquels un jour il nous demandera compte; tel est le motif pour lequel j'ai cru devoir donner de la publicité à mes méditations.

Je sais qu'en temps de révolution, les partis étant en présence, il n'est pas prudent de publier sa pensée, parce que, de quelque manière que l'on s'y prenne, on a toujours contre soi un parti, quand on n'en a pas deux; l'on déchaîne les passions, l'on court risque de voir troubler son repos, sa tranquillité dont on a tant besoin à un certain âge.

Je n'ignore pas la réponse que fit Fontenelle à quelqu'un qui lui demandait comment il avait trouvé le secret de plaire à tout le monde. « C'est, répliqua-t-il, en admettant pour principe : *tout est possible, tout le monde a raison.* »

Il ne faut pas s'étonner si Fontenelle disait : « *Si je tenais toutes les vérités dans ma main, je me garderais bien de l'ouvrir devant les hommes.* »

Pour moi, je dirai la vérité, tout ce que je pense; Dieu m'est témoin si j'ai d'autre but, d'autre objet, que l'utilité publique. Fais ce que dois, advienne que pourra.

Je divise ce travail en quatre chapitres :

Dans le premier, j'expose les inconvéniens des républiques ; dans le deuxième, je démontre l'antiquité, les avantages de la monarchie ; dans le troisième, je prouve, par l'Écriture et par des faits historiques, que l'on peut, sans être parjure, faire le serment de fidélité au gouvernement qui succède à un autre, quand il est établi ; enfin, dans le quatrième, je prouve le besoin, la nécessité de se rallier autour du trône de Philippe Ier., dont la chute entraînerait infailliblement celle des hommes qui essaieraient de le renverser, amènerait des malheurs, des catastrophes sans nombre.

Cette brochure, résultat de longues recherches, paraîtra vraisemblablement avoir le mérite de l'à-propos.

Peut-être dira-t-on de cet ouvrage qu'il n'est qu'une compilation indigeste. Je répondrai aux génies créateurs, qui ne cessent de donner du nouveau, qu'il n'est pas donné à tout le monde d'aller à Corinthe. Je rapporterai ce que dit Helvétius en parlant des compilations. « Lorsque l'envie déclame contre les plagiaires, c'est, dit-elle, pour punir les larcins littéraires et venger le public. Mais, lui répondrait-on : si tu ne consultais que l'intérêt public, tes déclamations seraient moins vives, tu sentirais que ces plagiaires, moins estimables que les gens de génie, sont cependant très-utiles au public; qu'un bon ouvrage, pour être généralement connu, doit avoir été dépecé dans une infinité d'ouvrages médiocres. On ne se dit pas qu'apercevoir un principe que personne n'y avait encore aperçu, c'est proprement faire une découverte; que cette découverte suppose dans celui qui l'a faite, un grand nombre d'idées sous le même point de vue, un génie et un inventeur. »

La Bruyère disait aussi : « Bien choisir, bien assembler, c'est créer. »

Je ne prétends point pour cela être un génie et un inventeur; je dirai que l'homme de génie qui naît avec cet heureux don, a beaucoup moins de peine que celui à qui le ciel en a refusé, et qui est obligé de suppléer à ce refus par un travail opiniâtre, qu'il a par conséquent le mérite de la difficulté vaincue. Helvétius aurait, ce même semble, dû dire, au lieu de *moins estimables*, non moins estimables. Quoi qu'il en soit, je cherche à appuyer mon opinion de l'autorité des grands hommes, qui est d'un tout autre poids que la mienne : je le déclare donc avec franchise, je prendrai des matériaux partout où j'en trouverai, disant avec un poëte :

> Je vais jusqu'où je puis,
> Et, semblable à l'abeille en nos jardins éclose,
> De différentes fleurs j'assemble et je compose
> Le miel que je produis.

L'architecte n'en fait-il pas autant ? il réunit tous les matériaux propres à faire un édifice, un monument dont l'ensemble charme les yeux.

QUEL EST LE MEILLEUR GOUVERNEMENT ?

QUEL EST LE LÉGITIME ?

CHAPITRE PREMIER.

INCONVÉNIENS DES RÉPUBLIQUES.

La postérité ne pourra pas croire les grands événemens dont nous avons été témoins, événemens incompréhensibles, événemens inouïs jusqu'alors dans les annales de l'histoire, qui sont autant de phénomènes et que nous regardons nous-mêmes comme des prodiges. En effet, conçoit-on comment on a vu en moins de quinze jours éclater une insurrection qui s'annonçait de la manière la plus terrible, se communiquer d'un bout de la France à l'autre avec la rapidité de l'étincelle électrique... Soudain les insurgés cassent tous les réverbères, dépavent les rues, coupent les arbres des boulevards pour en faire des barricades. Le quatrième jour l'incendie, qui paraissait tout vouloir consumer, s'éteint comme par enchantement; et ce qui est bien plus inconcevable, c'est d'avoir vu en douze jours un roi détrôné, un roi couronné, qui a été et qui est le sauveur de la France, puisqu'il a eu et a le courage de se dévouer, puisqu'il a osé et ose braver la fureur des partis pour prendre le gouvernail du vaisseau de l'État au milieu des tempêtes qui l'agitent. En effet, la France, sans le gouvernement du roi, aurait été livrée aux convulsions de l'anarchie, aux horreurs d'une guerre civile, dont on ne pouvait pas calculer les terribles conséquences.

On ne saurait concevoir, comprendre ni expliquer de pareils événemens (1). L'on ne peut s'empêcher de dire : *a Domino factum est istud.* Cela a été fait par le Seigneur.

J'ai donc raison de dire qu'en moins de quinze jours nous avons vécu plus d'un siècle, ou, pour mieux dire, des siècles sans nombre, puisque nous

---

(1) En parlant de ces événemens, le général Sébastiani a fait une juste réflexion, lorsqu'il a dit : La France vient de donner au monde un spectacle sans exemple dans l'histoire des nations. Quarante jours sont à peine écoulés depuis les glorieux événemens qui ont renversé un trône et qui ont constitué un trône nouveau sur les bases d'une liberté immuable.

avons vu ce qu'on n'avait pas vu depuis que le monde existe.

Ce qu'il y a de plus surprenant, de plus extraordinaire, c'est d'avoir vu la monarchie triompher au milieu de cette catastrophe des efforts impuissans de ses ennemis. Quel bonheur pour la France que l'opinion des amis de la monarchie ait prévalu sur celle des novateurs qui désiraient que la France fût érigée encore une fois en république, dont nous avons fait un si cruel esssai : la république, cette hydre aux cent mille têtes; la république, ce glaive à deux tranchans, dont le peuple commence à se servir contre les autres, et finit par le tourner contre lui-même!

Jean-Jacques définit la république, l'empire des méchans sur les bons; il aurait dû ajouter : des ignorans sur les hommes éclairés.

Socrate disait en parlant de la république : « Le » peuple tue sans savoir pourquoi, et voudrait » faire revivre de même. » L'ingratitude est la vertu des républiques; les talens, la fortune sont des titres de proscription! « Oh! ma belle maison » d'Albe, disait un Romain, en se voyant sur la liste » de proscription, c'est toi qui me vaut cela (1). » Dans la république, tout le monde veut commander; personne ne veut obéir. Le philosophe

---

(1) Xénophon semble dire que dans une république

Hermodose fut ostracisé par la démocratie éphésienne, qui lui dit : « Si quelqu'un excelle parmi nous, qu'il aille exceller ailleurs. »

Selon Corneille :

> Le pire des états est l'état populaire.

Le peuple ne passe-t-il pas, en effet, en un instant de la haine (1) à l'amour, ainsi que le dit Voltaire :

> Loin des cris de ce peuple indocile et barbare,
> Aveugle dans sa haine, aveugle en son amour,
> Qui menace et qui craint, règne et sert en un jour.

---

il vaut mieux être pauvre que riche. Telle est la réflexion qu'il fait à ce sujet : « Je suis content de moi, dit Chamides, à cause de ma pauvreté : quand j'étais riche j'étais obligé de faire ma cour aux calomniateurs, sachant bien que j'étais plus en état de recevoir du mal d'eux que de leur en faire. La République me demandait toujours quelque nouvelle somme ; je ne pouvais m'absenter ; depuis que je suis pauvre, j'ai acquis de l'autorité, personne ne me menace, je menace les autres, je puis m'en aller ou rester ; déjà les riches se lèvent de leurs places et me cèdent le pas ; je suis roi, j'étais esclave ; je payais un tribut à la République, aujourd'hui elle me nourrit ; je ne crains pas de perdre, j'espère acquérir. »

(1) Cromwel, lors de son entrée à Londres, répondit à un courtisan qui lui faisait remarquer l'affluence du peuple qui se trouvait sur son passage : « Il y en aurait bien plus, si l'on me conduisait à l'échafaud. »

> Quiconque a mis, dit un auteur antique,
> Son seul espoir dans l'amitié publique,
> Vit rarement sans trouble et sans chagrin
> Et n'a jamais fait une heureuse fin.

Pour bien juger si une république peut convenir à la France, indépendamment des malheurs affreux qu'elle a fait pleuvoir sur nos têtes, écoutons ce qu'en disent deux oracles du siècle dernier, dont on admire les talens.

Commençons par exposer ce que J.-Jacques dit de la république, après avoir parlé de la souveraineté du peuple : « L'homme est né libre, » et partout il est dans les fers. » (*Contrat social*.)

J.-Jacques n'exceptait pas les hommes qui vivent au sein des républiques. Nous avons vu nous-mêmes se justifier son observation, puisqu'il dit : « Je n'aurais pas voulu habiter une république » de nouvelle institution, quelques bonnes lois » qu'elle pût avoir, de peur que le gouverne- » ment, autrement constitué qu'il ne faudrait » pour le moment, ne convenant pas aux nou- » veaux citoyens, ou les citoyens nouveaux au » gouvernement, l'État ne fût sujet à être ébranlé » ou détruit presque dès sa naissance; car il en » est de la liberté comme de ces alimens solides » et succulens, ou de ces vins généreux qui acca- » blent, ruinent et enivrent les tempéramens fai- » bles et délicats qui n'y sont pas faits. Les peu- » ples, une fois accoutumés à des maîtres, ne » sont pas en état de s'en passer : s'ils tentent de » secouer le joug, ils s'éloignent d'autant plus de » la liberté, que, prenant pour elle une licence

» effrénée qui lui est opposée, leurs révolutions
» les livrent presque toujours à des séducteurs
» qui ne font qu'aggraver leurs chaînes. Le peuple
» romain lui-même, modèle de tous les peuples
» libres, ne fut pas en état de se gouverner en
» sortant de l'oppression des Tarquins; avili par
» l'esclavage et les travaux ignominieux qu'ils lui
» avaient imposés, ce n'était d'abord qu'une stu-
» pide populace qu'il fallait ménager et gou-
» verner avec la plus grande sagesse, afin que,
» s'accommodant peu à peu à respirer l'air salu-
» taire de la liberté, ces âmes énervées, ou plutôt
» abruties sous la tyrannie, acquissent par degrés
» cette sévérité de mœurs, cette fierté sauvage,
» qui en firent le plus respectable de tous les
» peuples. » « Pour gouverner démocratiquement
» les hommes, dit-il encore, il faudrait des dieux. »
« Ajoutons, dit encore J.-Jacques, qu'il n'y a
» pas de gouvernement si sujet aux guerres ci-
» viles, aux agitations intestines, que le démo-
» cratique ou populaire, parce qu'il n'y en a au-
» cun qui tende si fortement et si continuellement
» à changer de forme, ni qui demande plus de
» vigilance et de courage pour être maintenu
» dans la sienne. »

Lorsque J.-Jacques parle des hommes qui veulent vivre en république, il fait cette observation : « Ce n'est pas le tout de vouloir être
» libre, il faut du courage et des vertus. » Il sem-

ble dire que l'espèce humaine en manque (1).

Il est curieux de voir maintenant quelle est l'opinion de Raynal, qui a eu la plus grande part à la révolution, et qui voulut, mais trop tard, opposer une digue au torrent, lorsqu'il avait pris son cours.

Ce grand homme croyait-il que le régime républicain pût convenir à la France? Il est facile d'en juger d'après l'adresse qu'il remit lui-même le 21 mars 1791 au président de l'Assemblée nationale, et qui fut lue en séance publique. Il est d'autant plus intéressant de la rapporter, qu'elle présente la situation de la France à cette époque. Raynal s'exprime en ces termes : « Messieurs, en » arrivant dans cette capitale, mon cœur, mes » regards se sont tous portés vers vous ; prêt à

---

(1) La réflexion que fait César, en parlant de Cassius, est applicable aux républicains que nous avons vu de nos jours, les Marat, les Robespierre, les Couthon, etc. : « Je redoute ces gens haves et maigres. Il n'en est pas ainsi de ces Antoine, de ces gens uniquement occupés de leurs plaisirs; leur main cueille des fleurs et n'aiguise point des poignards. »

Cette observation est vraie, sauf les exceptions. On a fait des vers sur le Méchant, qui sont encore applicables aux ambitieux qui se disent républicains.

  Sur son exécrable visage
  La nature a tracé son cœur;
  Dans ses yeux, sur son front sauvage,
  Chaque muscle en peint la noirceur.

» descendre dans la nuit du tombeau, que vois-je
» autour de moi? Des troubles religieux, des dis-
» sensions civiles, la consternation des uns, et
» l'audace, l'emportement des autres, un gou-
» vernement esclave de la tyrannie populaire; le
» sanctuaire des lois environné d'hommes effré-
» nés qui veulent alternativement ou les dicter
» ou les braver, des soldats sans discipline, des
» chefs sans autorité, des magistrats sans cou-
» rage, des ministres sans moyen; un roi, le
» premier ami de son peuple, plongé dans l'a-
» mertume, outragé, menacé, dépouillé de toute
» autorité, et la puissance publique n'existant
» plus que dans les clubs, où des hommes igno-
» rans, grossiers, osent prononcer sur toutes les
» questions politiques. Telle est, n'en doutez pas,
» la véritable situation de la France; j'étais plein
» d'espérance et de joie lorsque je vous vis poser
» les fondemens de la félicité publique, poursui-
» vre tous les abus, proclamer tous les droits,
» soumettre aux mêmes lois, à un régime uni-
» forme les diverses parties de cet empire. Mes
» yeux se sont remplis de larmes quand j'ai vu
» les plus vils, les plus méchans des hommes,
» employés comme les instrumens d'une utile
» révolution; quand j'ai vu le saint nom de pa-
» triotisme prostitué à la scélératesse et à la li-
» cence, marcher en triomphe sous les enseignes
» de la liberté. L'effroi s'est mêlé à ma juste dou-

» leur, quand j'ai vu briser tous les ressorts du
» gouvernement, et substituer d'impuissantes
» barrières à la nécessité d'une force active et ré-
» primante. Combien je souffre, lorsqu'au milieu
» de la capitale et des lumières, je vois ce peuple
» séduit accueillir avec une joie féroce les pro-
» positions les plus coupables, sourire aux récits
» des assassinats, chanter ses crimes comme des
» conquêtes, appeler stupidement des ennemis à
» la révolution, la souiller avec complaisance,
» fermer les yeux à tous les maux dont il s'ac-
» cable. Appelés à régénérer la France, vous de-
» viez considérer d'abord ce que vous pouviez uti-
» lement conserver de l'ordre ancien, et de plus
» ce que vous ne pouviez pas en abandonner : *la*
» *France était une monarchie; son étendue,*
» *ses besoins, ses mœurs, l'esprit national,*
» *s'opposent invinciblement à ce que des formes*
» *républicaines puissent y être admises sans y*
» *opérer une dissolution totale.*

» Vous aviez, ajoute-t-il, à vous défendre con-
» tre la pente actuelle des idées; vous deviez voir
» que dans l'opinion le pouvoir des rois décline,
» et que les droits des peuples s'accroissent; ainsi,
» en affaiblissant sans mesure ce qui tend natu-
» rellement à s'effacer, en fortifiant sans propor-
» tion ce qui tend naturellement à s'accroître,
» vous arrivez forcément à ce résultat : un roi
» sans aucune autorité, un peuple sans aucun

» frein. » Il finit par prédire ce qui est arrivé:
« Le despotisme vous attend, si vous repoussez
» l'autorité tutélaire de la royauté. » Raynal, une
des colonnes de la philosophie moderne, après
avoir voulu renverser la monarchie, chante la
palinodie, reconnaît le besoin, la nécessité de la
monarchie, que l'étendue de la France, que ses
besoins, que ses mœurs, que l'esprit national
s'opposent invinciblement à ce que des formes
républicaines puissent y être admises sans opérer
une dissolution totale; aussi Raynal dit-il à l'Assemblée nationale avant le fameux 10 août (1):
« Ce n'est pas là ce que nous voulions, vous êtes
» hors la ligne que nous avions tracée. »

La peinture que l'abbé Delille, en parlant de Rome, nous fait des révolutions, doit faire trembler les peuples qui détruisent leurs institutions

---

(1) Le marquis de Ferrières, parlant de la journée du 10 août, dit que pendant la revue que fit le Roi, la Reine, saisissant un pistolet qu'un seigneur portait à la ceinture, le remit au Roi d'un ton très-animé, et lui adressa ces mots: *Voici, Monsieur, le moment de vous montrer;* mais Louis XVI, ajoute cet écrivain, était doué d'un courage tranquille, d'une pieuse résignation, et n'avait pas reçu la valeur en partage.

La Reine semblait dire avec César:

« Et j'ai toujours connu qu'en chaque événement
» Le destin des Etats dépendait d'un moment. »

civiles et religieuses. « Tant que Rome, dit cet
» écrivain, eut des lois stables et que l'ancienne
» constitution fut conservée, l'on pouvait distin-
» guer le juste de l'injuste. Cette constitution une
» fois détruite par la violence, l'incertitude régna
» dans toutes les délibérations et dans tous les es-
» prits; les limites une fois arrachées, personne
» ne sut plus où les replacer. Les anciennes for-
» tunes renversées regardent avec indignation les
» fortunes élevées sur leurs débris, les vaincus ab-
» horrent les vainqueurs; ceux-ci s'efforcent d'en
» anéantir ce qui reste; les esprits systématiques
» enfantent des projets de constitutions qui s'é-
» croulent les unes sur les autres et ensevelissent
» sous leurs débris leurs ennemis et leurs auteurs;
» la nouveauté combat les anciennes habitudes; le
» choc des systèmes religieux vient ajouter à ces
» orages; tout est inquiétude, désordre, animosité,
» fureur. Le parti écrasé qui avait oublié les injures
» saisit avec ardeur l'occasion de la vengeance;
» jusqu'à ce que les haines des factions rivales
» viennent mourir de fatigue et d'épuisement.
» Les États qui se laissent pousser à ces excès
» doivent trembler, car après le règne des empi-
» riques ils ne sont pas toujours sûrs de trouver
» à propos un médecin qui, par des moyens doux
» sans faiblesse, actifs sans violence, sache guérir
» le corps politique de ses maux. »

Les observations de l'abbé Delille sont dans

la nature des choses, et se trouvent justifiées par la révolution. N'avons-nous pas vu la société bouleversée, sept ou huit constitutions (1) se succéder les unes aux autres? N'avons-nous pas vu quarante mille lois? *In corruptissimâ republicâ plurimæ leges.* N'avons-nous pas vu, comme cela arrive toujours, le despotisme militaire succéder à la république, mettre à ses pieds ces fiers répu-

---

(1) Voici ce que Richer Sérizy écrivait en 1796, sur l'abbé Sieyès, à la porte duquel on avait affiché : *Atelier de constitutions.* « L'abbé Sieyès a beaucoup de cases entières de pigeonniers remplies de constitutions toutes faites, étiquetées, assorties, et numérotées, appropriées à toutes les saisons et à toutes les fantaisies; les unes ayant la pointe où devait être la base; les autres la base où devait être la pointe; celles-ci sans ornemens, celles-là garnies de fleurs; quelques-unes distinguées par leur simplicité, d'autres par leur complication; les unes couleur de sang, d'autres boues de Paris; les unes avec des directoires, les autres sans direction; les unes avec des conseils des anciens et des conseils de jeunes barbes, d'autres sans conseils du tout; quelques-unes où les électeurs choisissent les représentans, d'autres où les représentans choisissent les électeurs; quelques-unes en pantalons, d'autres tout-à-fait indéterminées, en sorte qu'aucun amateur de constitution ne peut sortir de sa boutique les mains vides, pourvu qu'il désire un modèle de pillage, d'oppression, d'emprisonnement arbitraire, de confiscation, d'exil, de jugemens révolutionnaires et d'assassinats prémédités, et l'égalité, sous quelque forme qu'on puisse les offrir. »

blicains qui ont fini par revenir au point d'où ils étaient partis, après s'être baignés dans des torrens de sang ?

Écoutons encore ce que dit naguère M. Guizot de la république; il s'exprime ainsi : « La répu-
» blique est, sans contredit, une création admi-
» rable, tout y est sublime par les vertus publiques
» et privées. Sans doute j'estime ses partisans.
» Leurs principes sont honorables, leur âme est
» élevée, leurs sentimens nobles, leurs pensées
» généreuses, et je suis tenté de leur adresser ces
» belles paroles du vieux Galba : « Si la répu-
» blique pouvait être établie nous étions dignes
» qu'elle commençât par nous. » Mais qui ne
» sait, qui n'a compris depuis long-temps que la
» France n'est pas façonnée pour la république.
» Ses mœurs, son territoire, ses intérêts matériels
» s'opposent à cette forme de gouvernement. Pour
» l'établir, il faudrait faire violence aux senti-
» mens, à la conviction de la France; ajoutez que
» la république en France troublerait la paix de
» l'Europe et briserait la balance politique. »

Il est donc constant que la république, qui n'est qu'une lutte continuelle entre des ambitieux, qu'une anarchie organisée, qui abusent de la crédulité de la multitude pour l'enchaîner au nom de la liberté, ne peut convenir à la France.

« Nous ne sommes pas assez vertueux, a dit
» M. Dupin, pour la république; il n'y a pas

» assez d'abnégation de soi-même, pas assez de
» désintéressement; il faut des vertus pour vivre
» en république, et disons la vérité, nous en
» manquons. »

La république est donc une belle théorie dont nous avons fait l'essai; l'expérience a dissipé le prestige des théories, des utopies (1).

---

(1) Tacite a dit des Français : *Nec libertatem, nec servitutem pati possunt;* ils ne peuvent souffrir ni la liberté, ni la servitude.

Le prince de Ligne, parlant de la légèreté des Français, de leur mobilité, du peu de fixité de leur opinion, écrivait à un célèbre historiographe à qui il faisait part de ses réflexions sur les Commentaires de César dans les Gaules, « que César en connaissait bien les habitans, et que les Gaulois de ce temps-là ressemblaient bien aux Gaulois de ce temps-ci. Vous souvenez-vous bien de ce qu'il dit de la légèreté, de la facilité qu'ils ont à être dupes et à changer d'avis et de volonté, il les peint si bien arrêtant les passans sur les grands chemins pour savoir des nouvelles, que je les vois d'ici; et c'est ce goût pour ce qu'il y a de nouveau, qui fait qu'il y en a toujours eu chez eux et dans les modes.

» Il y a encore un autre endroit de l'histoire où je reconnais bien nos Français, c'est à leur entrée dans Rome où, après un petit moment de respect et d'admiration pour ces beaux vieillards sénateurs, ils les tirent par la barbe : Le coup de bâton que méritait bien le premier qui fit cette polissonnerie, est le signal du massacre; ils passent de l'enthousiasme à la cruauté, et ils égorgent ceux qu'ils avaient pris pour des dieux. Les voilà, Monsieur, les voilà ces Français, mais ils sont braves et aimables ! »

La révolution a mûri les Français, qui sont bien plus réfléchis, et que l'on voit se donner des institutions que la nature et la raison leur suggèrent, accommodées à l'égalité des droits devant la loi, où la faveur et la protection ne sont rien, où les talens, les vertus triomphent.

CHAPITRE II.

AVANTAGES DE LA MONARCHIE.

L'antiquité de la monarchie prouve invinciblement les avantages que ce gouvernement procure aux peuples; en effet, la monarchie est le plus ancien et le meilleur gouvernement. C'est une vérité incontestable; car les peuples n'auraient pas adopté pendant tant de siècles de préférence à tout autre le gouvernement monarchique, s'ils n'en eussent reconnu toute l'utilité. Je dis qu'il est le plus ancien gouvernement, écoutons ce que dit à ce sujet Bossuet dans sa *Politique sacrée* : « Au commencement du monde, dit ce savant, » Dieu était le seul roi des hommes et les gou» vernait visiblement. La monarchie remonte » donc à l'origine du monde; on y voit, conti» nue Bossuet, le gouvernement d'un peuple dont » Dieu même a été le législateur. »

Tout ce que Lacédémone, tout ce qu'Athènes, tout ce que Rome ont eu de plus sage, n'est rien en comparaison de la sagesse qui est renfermée dans la loi de Dieu.

Le gouvernement monarchique était tellement le plus naturel qu'on le voit d'abord chez tous les peuples : ce qui a été en république a vécu premièrement sous des rois. Rome a commencé par là, et y est revenue comme à son état naturel. Ce n'est que tard et peu à peu que les villes grecques ont formé leurs républiques. L'état monarchique a son fondement dans l'empire paternel ; s'il est le plus naturel, il est par conséquent le plus durable et le plus fort.

L'opinion ancienne de la Grèce était celle qu'exprime Homère dans *l'Iliade*. La pluralité des princes (ou des maîtres) n'est pas bonne ; qu'il n'y ait qu'un prince ou un roi. Tout le monde commence par des monarchies et presque tout le monde s'y est conservé comme dans l'état le plus naturel.

« Le gouvernement monarchique est le plus
» opposé à la division, qui est le mal le plus es-
» sentiel des États et la cause la plus certaine de
» leur ruine. » Tout royaume divisé en lui-même, dit Jésus-Christ (S. Math., 12), sera désolé : *Omne regnum divisum contra se desolabitur.*

Admirons l'idée sublime que Bossuet nous donne de la monarchie ; il la compare à la puissance de Dieu, qui se fait sentir en un instant de l'extrémité du monde à l'autre. La puissance royale agit en même temps dans tout le royaume; elle tient tout le royaume en état comme Dieu y tient tout le monde. Que Dieu retire sa main, le monde retombera dans le néant; que l'autorité du roi cesse dans le royaume, tout sera dans la confusion.

Considérez le prince dans son cabinet : de là partent les ordres qui font aller de concert les magistrats, les citoyens et les soldats, les provinces, les armées par terre et par mer. C'est l'image de Dieu qui, assis sur son trône, fait aller tout dans la nature. Voyez l'ordre, voyez la justice, voyez la tranquillité dans tout le royaume, c'est l'effet naturel de l'autorité du prince. Voyez un peuple immense réuni en une seule personne; voyez cette puissance sacrée, paternelle et absolue; voyez la raison secrète qui gouverne tout le corps de l'État renfermée dans une seule tête; vous voyez l'image de Dieu dans les rois, et vous avez l'idée de la majesté royale.

Peut-on rien dire de plus profond en faveur de la monarchie? rien qui la rende plus respectable aux yeux des mortels? Homère lui-même disait en parlant de l'autorité, *omnis potestas à Deo*, tout pouvoir vient de Dieu.

Il ne faut donc pas s'étonner si l'Écriture recommande expressément l'obéissance au pouvoir: *Qui resistit potestati, Dei ordinationi resistit*, celui qui résiste au pouvoir résiste à l'ordre de Dieu.

Bossuet expose les inconvéniens de ne pas obéir à l'autorité : si le peuple ne veut pas se tenir tranquille sous l'autorité royale, le feu de la division se mettra dans l'État, et avec la grande puissance, qui est la royale, toutes les autres puissances seront renversées, et tout l'État ne sera plus qu'une même cendre. (*Politique sacrée.*)

La monarchie française, que certaines gens voudraient renverser, a quatorze cents ans d'existence, compte soixante-dix-sept rois. La monarchie française, a-t-on observé, riche et puissante dans les annales du monde, respectée de l'Europe, dont le drapeau glorieux flotte au sommet de la civilisation moderne, est une monarchie renommée pour la justice de ses lois, la douceur de son gouvernement, l'éclat des arts qui fleurissent dans son sein.

La monarchie a aussi paru le meilleur gouvernement aux anciens philosophes, Hérodote, Socrate, Platon, Xénophon, et à Cicéron, qui préfère la royauté à tout autre régime : s'il lui fallait, dit-il, se borner à l'un des gouvernemens, son approbation et ses éloges seraient particulièrement pour la monarchie, *regium probem atque imprimis laudem* ; il n'en parle qu'avec amour, il lui donne les attributs les plus aimables. Croirait-on entendre un vieux Romain, lorsqu'il nous dit : Le gouvernement des rois nous offre le gouvernement de l'affection, *caritate nos capiunt reges*. Dans les idées qui se renferment sous la dénomination de monarchie, se présente d'abord le titre de père attaché à celui de roi, *occurrit nomen quasi patrium regis*, pour exprimer qu'il veille sur les citoyens comme sur ses enfans, et s'applique bien plus à les protéger qu'à les assujettir. Cicéron va plus loin encore dans la suite du même traité ; tantôt il assigne à la royauté une origine divine, tantôt il la compare à l'empire que la raison exerce sur les passions dans le cœur de l'homme ; enfin, pour justifier une préférence si exclusive, il attribue à la royauté dans Rome le principe de sa grandeur, et il termine cet ordre de considérations par ce passage : « Nos Romains n'appelaient point maîtres ni seigneurs ceux auxquels ils obéissaient selon la loi. Ils ne leur donnaient pas même le titre de rois, mais les noms de gardiens de la patrie, de pères et de dieux ; » et ils avaient raison ; n'ajoutent-ils pas en effet, en s'adressant à Romulus :

Auteur de la patrie,
Tu nous donnes toi seul la naissance et la vie.

Ils croyaient que l'existence, la gloire, l'honneur étaient un don de la justice du roi. » Ces citations, dit en parlant de Cicéron M. Charles Durozoir, suppléant de M. Charles Lacretelle, professeur à la faculté des lettres, de l'Académie, homme de lettres des plus distingués, sont tirées d'un ouvrage qui, pour plusieurs d'entre nous, a peut-être encore le mérite de la nouveauté (1). » Voltaire lui-même, qui n'était pas ami des trônes, préférait la monarchie à la république, comme on le voit dans son Brutus, où il fait sentir les avantages de l'une et les inconvéniens de l'autre. Voltaire conférant avec le roi de Prusse, qui lui observait qu'il le croyait républicain : « Oui, répondit-il, je le suis par raison ; mais par intérêt je suis partisan de la monarchie, parce que le despotisme n'atteint qu'un petit nombre, et que l'anarchie républicaine les atteint tous. »

Les démocrates se déchaînent contre les anciennes institutions qu'ils appellent gothiques, préconisent les nouvelles, paraissent vouloir la royauté constitutionnelle, et méditent de renverser la monarchie, sans observer que le maître des empires depuis près de trois siècles a accordé une protection toute particulière à la monarchie française.

Le pape Benoît IV n'a pas pu s'empêcher de dire : la France est le pays le mieux gouverné, parce qu'elle l'est par la Providence.

En effet, dans les 16e. et 17e. siècles, la Providence ne fit-elle pas triompher Henri IV, qui embrassa

---

(1) Extrait du Discours d'ouverture du Cours d'histoire ancienne, prononcé le 20 décembre 1823.

la religion catholique? La Providence veilla encore à la conservation de la monarchie sous le règne de Louis XIV, et maintint ce prince sur le trône dans un moment où l'Europe s'arma contre ce monarque. Louis XIV triompha à l'instant où il parlait de s'ensevelir sous les ruines de la monarchie.

Fénélon disait alors : J'espère que Dieu sauvera la France, parce que Dieu aura pitié de la maison de saint Louis (dont notre roi est un descendant); et que dans la conjoncture présente la France est un grand appui de la catholicité. La Providence a donc évidemment protégé la monarchie; tous les efforts de ses ennemis seront donc impuissans.

Comme le disait Racine, en parlant de la toute-puissance de Dieu :

> Que peuvent contre lui tous les rois de la terre ;
> En vain ils s'uniraient pour lui faire la guerre,
> Pour dissiper leur ligue il n'a qu'à se montrer :
> Il parle, et dans la poudre il les fait tous rentrer ;
> Au seul son de sa voix la mer fuit, le ciel tremble ;
> Il voit comme un néant tout l'univers ensemble ;
> Et les faibles mortels, vains jouets du trépas,
> Sont tous devant ses yeux comme s'ils n'étaient pas.

Quand le grand Dieu, dit Bossuet, a choisi quelqu'un pour être l'instrument de ses desseins, rien n'en arrête le cours; ou il enchaîne, ou il dompte tout ce qui est capable de résistance.

Dieu ne semble-t-il pas, dans les circonstances

critiques où nous nous trouvons, adresser au roi qui se trouve placé sur le trône par sa permission, le langage que l'Éternel tint à un roi : « Je te prendrai par la main, je te conduirai, et tes ennemis s'abaisseront devant toi. » C'est cette persuasion qui a déterminé Louis-Philippe à accepter la couronne dans des conjonctures aussi difficiles ; c'est l'ambition de sauver la France qui l'a fait déférer au vœu des Français et monter sur le trône (1) ; car, instruit comme l'est Philippe,

---

(1) Un Romain descendu du trône ne voulut plus y remonter, parce qu'il avait observé que les courtisans élèvent un mur de séparation entre le souverain et la vérité. Il ne faut, disait-il, que quatre ou cinq courtisans bien unis entre eux et bien déterminés à tromper le prince pour y réussir ; ils ne montrent jamais les choses que par le seul côté qui puisse les faire approuver ; ils lui cachent tout ce qui contribuerait à l'éclairer ; et, comme ils l'obsèdent seuls, il ne peut être instruit que par eux, et ne sait que ce qu'il leur plaît de lui dire ; il met en place ceux qu'il devrait en éloigner, il destitue ceux qu'il devrait conserver ; en un mot, il arrive, par la conspiration d'un petit nombre de méchans, que le meilleur prince est vendu malgré sa vigilance et malgré même sa méfiance et ses soupçons. « Ego (c'est Vopiscus qui parle) a patre meo audivi Diocletianum principem dixisse nihil esse difficilius quam bene imperare ; colligunt se quatuor vel quinque atque unum consilium ad decipiendum imperatorem capiunt, dicunt quid probandum sit. Imperator qui plau

il n'ignore pas ce que disait Plutarque : « Qui sentirait le poids d'un sceptre, ne daignerait pas l'amasser quand il le trouverait à terre. » Si cette pensée trouve son application, c'est bien dans les circonstances actuelles.

---

sus est vera non novit : cogitur hoc tantum scire quod illi loquuntur, etc. » (Vopiscus, *lib.* 43.)

On trouvera encore une vérité du malheur de la position des rois, dont les courtisans creusent le tombeau, dans ce qui suit : « Lit-Ching, homme d'une naissance obscure, prend les armes contre l'empereur T-Cong-Ching, se met à la tête des mécontens, lève une armée, marche à Pékin et le surprend. L'impératrice et les reines s'étranglent, l'empereur poignarde sa fille, il se retire dans un endroit écarté de son palais ; c'est là qu'avant de se donner la mort il écrit ces paroles sur un pan de sa robe : J'ai régné dix-sept ans, je suis détrôné, et je ne vois dans ce malheur qu'une punition du ciel justement irrité de mon indolence. Je ne suis cependant pas le seul coupable, les grands de la cour le sont plus que moi ; ce sont eux qui, me dérobant la connaissance des affaires de l'empire, ont creusé l'abîme où je tombe. De quel front oserai-je paraître devant mes ancêtres ? Comment soutenir leurs reproches ? O vous, qui me réduisez à cet état affreux, prenez mon corps, mettez-le en pièces, j'y consens ; mais épargnez mon peuple, il est innocent, et déjà assez malheureux de m'avoir eu long-temps pour maître. » — Quelle leçon pour les rois ! C'est avec raison que notre nouveau roi ne veut ni flatteurs, ni courtisans.

Voltaire partageait cette opinion, car il fait dire dans *Alzire* à *Alvarès* :

> Croyez-moi, les humains, que j'ai trop su connaître,
> Méritent peu, mon fils, qu'on veuille être leur maître.

Le souverain qui prend le sceptre dans un moment où on l'a désenchanté est donc, il faut le dire, une victime dévouée au bien public qu'on ne saurait trop admirer, et dont on ne saurait trop reconnaître les généreux sacrifices qu'il fait à la Société; car un roi, qui accepte l'autorité dans de pareilles circonstances, annonce un grand caractère (1) et de grandes vues; il semble se dire avec Corneille :

> Je sais tout me plier sans me plier à rien.
> Et mihi res non rebus me submittere conor.

Je triompherai des obstacles, je forgerai un nouveau talisman à l'aide du bonheur du peuple, qui fera sentir aux hommes la nécessité, l'utilité de la monarchie; car l'intérêt ne trouve ni rebelle ni apostat.

Telle paraît être la marche que semble vouloir prendre notre monarque.

Il nous faut du nouveau, n'en fût-il plus au

---

(1) Beaumarchais a dit :
> Homme, ta grandeur sur la terre
> N'appartient pas à ton état ;
> Elle est toute à ton caractère.

monde. Et notre souverain nous en fait et nous en fera voir. Ses lumières, la connaissance qu'il a de l'histoire lui font partager l'opinion d'Alphonse, roi de Castille, qui disait : « Je crains » plus la haine (1) de mon peuple que le fer de » mes ennemis, » et qui faisait de l'amour de son peuple le rempart de son autorité.

Tout nous porte à croire que le roi des Français veut adopter cette sage politique, puisqu'il ne cherche qu'à faire des heureux et des contens.

---

(1) « Arbitres des hommes, craignez les plaintes des malheureux, disait Saadi ; elles parcourent la terre, elles traversent les mers, elles pénètrent les cieux ; il ne faut qu'un soupir de l'innocence opprimée pour remuer le monde. »

« Lorsque tu seras dans les bosquets délicieux de ton harem, disait un philosophe à un souverain, souviens-toi de ceux que la misère tient éveillés. »

Le fameux Canning, en l'honneur de qui on a proposé en France de battre une médaille pour immortaliser sa mémoire (sans doute pour les services qu'il nous a rendus), avait aussi calculé le pouvoir de la haine du peuple, puisqu'il disait que l'Angleterre est l'Éole politique qui déchaîne les tempêtes ; que si les puissances voulaient contrarier ses vues, elle se servirait, comme d'auxiliaires, des malheureux, des mécontens qui sont dans les royaumes.

Canning regardait donc les malheureux comme les premières puissances de la terre, et ne se trompait pas.

L'économie (1) qu'il porte dans les dépenses en est la preuve, et lui facilitera les moyens de dimi-

---

(1) Regis ad exemplar totus componitur orbis.

Le roi est le moule qui donne la forme à toutes les âmes. Déjà le général Gérard, qui a refusé, aussi bien que le ministre de la justice, Dupont de l'Eure, les vingt-cinq mille francs d'établissement, n'a point accepté les quarante mille francs de traitement de maréchal de France. (*Const.*, 16 septembre 1830.)

Le maréchal Jourdan, gouverneur des Invalides, a fait l'abandon de quinze mille francs sur les quarante qui forment son traitement annuel de gouverneur, et il a de plus pris à sa charge, sur les vingt-cinq mille francs qu'il conserve, les appointemens du secrétaire particulier de son gouvernement et les frais de bureaux dont la dépense a été jusqu'ici supportée par les fonds de la dotation des Invalides.

Que les fonctionnaires, que les cumulards imitent l'exemple de ces hommes estimables, et l'on n'entendra pas sans cesse les ennemis de la monarchie parler des gouvernemens à bon marché.

Les trompettes de la renommée ne sauraient trop préconiser une conduite aussi noble, aussi généreuse, dans un siècle d'égoïsme où tout le monde court après l'argent.

L'œil du public est aiguillon de gloire ;
L'on en vaut mieux quand on est regardé.

Il est temps de substituer le ressort de l'amour-propre, ce puissant véhicule qui nous porte à faire de si grandes choses, à celui de l'intérêt, le mobile des âmes vulgaires.

nuer les impôts. Le roi Philippe dit, comme le faisait un grand roi : « J'aime mieux voir le peuple » rire de mes économies, que de le voir pleurer de » mes dépenses. » Le roi citoyen, ennemi du faste et du luxe, ne veut pas emprunter sa considération de son entourage, mais de ses vertus publiques et privées. Les baïonnettes n'empêchent pas la vérité de parvenir jusqu'au pied du trône. Le roi de France, comme les souverains du Nord, a la sagesse de donner auprès de lui un accès favorable aux membres de la Société, reçoit les plaintes, les pétitions, les vues relatives à l'intérêt général qu'on lui présente, connaît par ce moyen l'esprit et l'opinion publique.

L'on parle du siècle des lumières (1) : le roi, pénétré de la dignité de l'homme, a fait faire un grand pas à la raison humaine, en abolissant une vaine distinction, un vain titre, inventés pour flatter l'orgueil d'une poignée d'hommes et humilier le grand nombre ; la qualification de *mon-*

---

(1) On parlait, devant un homme d'esprit, du siècle des lumières. « C'est vrai, répondit-il, mais c'est dommage que ce soit le diable qui ait tenu la bougie. » Le roi protecteur des sciences ne permettra pas qu'il en soit ainsi, et que l'on puisse appliquer aux hommes à talens ce que disaient les disciples de Zénon et d'Arcésilas : « Depuis que les savans ont paru parmi nous, les gens de bien se sont éclipsés. »

seigneur, dont l'abolition fait dire : « Il est donc re-
» connu *qu'il n'y a un seigneur que dans le ciel.* »
Cette vérité a été des siècles pour arriver jusqu'à
nous. La vérité marche lentement, mais elle
arrive.

Qu'il est beau encore de voir le roi, convaincu
qu'un homme en vaut un autre (1), admettre à
l'honneur de sa table des fonctionnaires, des particuliers estimables. Le roi, l'orgueil de la France,
parce qu'il sait gouverner, donne une grande
impulsion à son siècle et à l'opinion. Tout autorise
à croire qu'une ère nouvelle datera du règne du
roi citoyen.

Le peuple se voit avec plaisir rapproché de son
souverain. Ce gouvernement, vraiment populaire,
de jour en jour se fait des amis et semble devenir le gouvernement modèle. La France, après
avoir épouvanté l'univers par la force de ses armes,
excite son admiration par la haute sagesse de son
roi, qui se propose de régner par la justice et
par les lois.

Le roi, on le voit, veut la monarchie limitée (2),

---

(1) Tout homme en vaut un autre, à moins que par malheur
L'un d'eux n'ait corrompu son esprit et son cœur.

(2) Le pouvoir illimité offre les plus grands inconvéniens.

Qui peut tout ce qu'il veut, veut plus qu'il ne le doit.

Ea demùm tuta est potentia quæ viribus suis mo-

3.

et baser son gouvernement sur les principes consacrés dans ces vers :

> Vous pouvez raffermir par un accord heureux
> Des peuples et des rois les légitimes nœuds,
> Et faire encor fleurir la liberté publique
> Sous l'ombrage sacré du pouvoir monarchique.

« La république, comme l'a dit M. Odillon-Barrot, est là où la loi est souveraine, où le gouvernement est établi pour l'intérêt de tous, et où tous concourent, dans une proportion déterminée par la loi, à la loi elle-même. »

Il est donc constant que la monarchie est le plus ancien et le meilleur gouvernement, et que le gouvernement actuel, comme l'a dit un illustre général, « est la meilleure des républiques. » Tout nous garantit que le monarque qui s'honore d'être le premier citoyen, nous fera

---

dum imponit. Il n'y a de pouvoir assuré que celui qui sait y mettre des bornes. — Louis XIV disait un jour qu'en France on murmurait lorsqu'on éprouvait un acte arbitraire : « il n'en est pas ainsi, ajouta-t-il, à Constantinople. — C'est vrai, répondit un seigneur qui se trouvait présent, mais vous ne dites pas que deux ou trois sultans sont morts en peu de temps de mort tragique. » Louis XIV ne souffla pas le mot.

Quand le tyran, dit Bernardin-de-Saint-Pierre, attache la chaîne au cou de l'esclave, la Providence rive l'autre bout au cou du tyran.

goûter les avantages de la monarchie d'après les modifications que lui-même a sollicitées.

« Avec le trône constitutionnel, observe M. Bi-
» gnon, vous êtes certains que la liberté ne peut
» point périr; vous êtes certains d'avoir, et déjà
» vous avez plus de liberté véritable que jamais il
» n'en exista, non-seulement dans aucune monar-
» chie, mais peut-être même dans aucune répu-
» blique. »

Nous avons donc dans le gouvernement actuel les avantages de la monarchie et de la république, sans en avoir les inconvéniens; c'est un problème dont on cherchait depuis long-temps la solution. Que l'équilibre des pouvoirs se maintienne, le bonheur, les libertés publiques sont assurées à l'aide du gouvernement mixte de la monarchie-république, de la royauté démocratique.

CHAPITRE III.

LE GOUVERNEMENT DE PHILIPPE Ier. EST-IL LÉGITIME?

La grande question à éclaircir c'est de savoir si la conscience permet de prêter serment de fidélité au gouvernement actuel, l'ayant prêté à l'ancien gouvernement. On ne doit pas agir contre sa conscience, c'est incontestable; mais le grand point c'est de l'éclairer, car il n'y a pas d'homme plus à craindre que celui qui fait mal en agissant d'après sa conscience erronée, croyant bien faire.

Dans une pareille circonstance, il y a deux guides, deux fanaux qui doivent éclairer la conscience, la loi de Dieu et les usages et coutumes de l'antiquité. Pour ne pas se tromper, il faut se dégager de tout esprit de parti, de tout préjugé (1), de toute prévention qui fausse le juge-

---

(1) « La plupart des hommes ne savent ce que c'est que de rentrer en eux-mêmes pour y entendre la voix de la vérité ; ce sont leurs yeux qui règlent leurs décisions ;

ment, en nous faisant prendre l'apparence pour la réalité, et l'effet pour la cause. Il faut être en garde contre les sophismes séduisans, contre les arguties des docteurs subtils, des rhéteurs qui ont perdu Rome, qui ont amené la France sur le bord de l'abîme, et l'y précipiteraient si on voulait les écouter; car, à les entendre, il y a deux légitimités, l'une de droit et l'autre de fait.

Un pareil système, contraire aux vrais principes, jette le trouble dans les consciences, et justifie la désobéissance envers l'autorité légitime, qui a la légitimité de droit et de fait, du moment où Dieu a permis son établissement : autrement, plus de principe, plus d'ordre dans la société, plus de soumission pour le pouvoir; une anarchie complète, la subversion du corps social.

Je dis que ce système est contraire aux vrais principes consacrés par la loi de Dieu, qui dé-

---

ils jugent selon ce qu'ils sentent, et non selon ce qu'ils conçoivent ; car ils sentent avec plaisir et ne conçoivent qu'avec peine. » (MALLEBRANCHE, *Recherches sur la vérité*, liv. IV, ch. 2.) Il est certain que l'homme est naturellement paresseux : pour s'épargner la fatigue de l'examen, il aime mieux croire sur la parole des autres que de se donner la peine d'examiner. C'est là la source de presque toutes les erreurs. Locke disait : « La confiance aveugle dans les grands hommes qui nous ont précédé, a plus nui aux progrès des sciences et des arts que tout le reste. »

clare que celui qui résiste au pouvoir, résiste à l'ordre de Dieu; *qui resistit potestati, Dei ordinationi resistit.* (*Rom.*, 13.) Dieu ordonne nonseulement d'obéir aux maîtres qui sont bons et modérés, mais encore à ceux qui sont fâcheux et injustes. *Subditi estote dominis, non tantùm bonis et modestis, sed etiam dyscolis* (*Saint Pierre*, 2.) Il est par là même prouvé d'une manière invincible que la légitimité de droit et de fait existe dans le pouvoir établi par Dieu, puisqu'il nous ordonne de lui obéir quel qu'il soit.

Que reste-t-il à répondre aux partisans du système contraire :

Sic volo, sic jubeo, sit pro ratione voluntas.

Avec de pareils hommes, il n'est pas possible de raisonner, puisqu'ils semblent vous dire : Monsieur, je n'ai pas besoin qu'on me prouve.

Ce qui est fait pour donner un démenti à ceux qui soutiennent un pareil système, c'est de voir des généraux, des magistrats éclairés ne pas croire compromettre leurs consciences en faisant au nouveau gouvernement le serment de fidélité.

N'a-t-on pas vu aussi M. l'évêque de Nantes dire à M. le lieutenant-général Dumoustier, commandant la douzième division militaire, qu'il était prêt à s'entendre avec les autorités temporelles pour assurer le maintien de la paix publique et pour faire respecter le gouvernement de Philippe Ier. (*Const.* 25 août 1830).

N'a-t-on pas admiré la lettre circulaire de M. l'évêque d'Orléans à MM. les curés et desservans de son diocèse, dans laquelle il leur dit que l'Église, qui ne donne pas les couronnes et qui ne doit jamais y toucher, n'est point juge des hautes questions de la constitution des peuples; elle ne permet pas à ses ministres d'y entrer, elle voit la main qui porte le sceptre, mais elle ne le donne pas et elle ne prend jamais part à aucune stipulation : *cui honorem honorem.* (*Rom.*, 13). Elle doit l'obéissance au pouvoir, car c'est Dieu qui l'a établi; si elle ne la lui rendait pas, elle pécherait contre Dieu qui veut l'ordre : *Non est enim potestas nisi a Deo; quæ sunt autem a Deo, ordinata sunt.* (*Rom.*, 13).

Le Moniteur a annoncé que le roi avait reçu le serment de M. de Cosnac, archevêque de Sens.

Les principes dont j'ai parlé plus haut ont été ceux des siècles beaucoup plus reculés. En effet, parcourons les annales de l'histoire, nous en verrons la preuve.

Je vais rapporter un fait, cité par les historiens, qui prouve que le salut de la nation légitimait l'élection. La nation, ayant reconnu dans Pépin le Bref tous les moyens de capacité pour la gouverner, lui donna la couronne, bien qu'il ne fût pas de la dynastie de

Clovis. Le besoin de l'État fit juger nécessaire le changement de dynastie. Comme dans ce temps-là la religion exerçait une grande influence sur la conduite du peuple, le pape Zacharie fut consulté à ce sujet. Quelle fut sa réponse? Que, pour conserver la paix de l'Etat, il valait mieux donner le nom et l'autorité de roi à celui qui en avait le pouvoir. On n'eut donc pas égard à la légitimité de la dynastie dépossédée. L'intérêt public l'emporta, en 752, sur des considérations particulières. Les Français jouissaient donc du droit d'élection, et les anciens historiens, en parlant de celle de Pépin, disaient: « *Pipinnus secundum morem Francorum electus est ad regem et unctus.* »

En 754, le pape Étienne II vint sacrer le roi Pépin, et prononça une sentence d'excomunication contre les seigneurs qui entreprendraient à l'avenir de placer sur le trône une autre famille.

Ce sont donc deux souverains pontifes qui ont consacré ce droit d'élection. M. Persil, procureur général dans l'affaire de M. de Kergorlay, après s'être appuyé sur la raison publique, qu'il regarde comme la souveraine, remonte à l'usurpation consacrée par la conduite même des rois des premières races, et surtout par Hugues-Capet, chef de la troisième.

Ce fut en effet une élection qui porta à l'empire

Hugues-Capet, qui fonda la troisième dynastie de nos rois, l'an 987, à l'exclusion de Charles, duc de la Basse-Lorraine, héritier légitime et présomptif de la deuxième race, mais repoussé par la nation à cause de ses vices et de son incapacité. On ne voulait donc mettre à la tête de l'État qu'un prince qui avait les talens nécessaires pour le gouverner. On trouvera une preuve de cette assertion dans la conduite que tint le roi de France, Robert II, fils du même Hugues-Capet. Il examina lequel de ses trois fils était le plus capable de lui succéder, et choisit son fils Henri, qui fut Henri Ier., qui avait son frère aîné, nommé Hugues. Henri Ier. monta sur le trône en 1031.

Dans l'article 1er. du chapitre VII, le comte du Buat dit : « que ce fut une maxime constante chez » les rois carlovingiens, qu'un prince ne pouvait » se refuser aux vœux d'un peuple qui l'appelait » pour le substituer à son souverain actuel. » Louis le Germanique ne se refusa jamais aux invitations des Neustriens et des Aquitains; Charles le Chauve aima mieux violer le traité qu'il avait fait avec son frère, que de ne pas répondre à l'empressement des Lorrains. Les trois races de nos rois ne durent leur origine qu'à l'élection du peuple; ils ne furent rois que par la volonté nationale, et, pour consacrer l'hérédité du trône dans la personne de leurs fils, ils invoquèrent le consentement de la nation, qui était le principe de vie, de force et d'autorité des princes.

L'abbé de Pradt, dans une petite brochure, intitulée, *Un Chapitre sur la légitimité*, dit : « Qu'il faut toujours revenir au principe, que les » nations n'ont pas les princes pour eux; non pas » pour les droits à eux, mais pour les affaires à » elles. » Il dit encore que la légitimité a deux faces; elle est double, intérieure et extérieure; c'est la réunion des deux qui constitue la légitimité véritable. Il faut donc, selon l'abbé de Pradt, une reconnaissance de la nation et celle de l'Europe. Philippe a été reconnu comme roi par la nation et par les souverains, donc son autorité est légitime. C'est donc le vœu national qui constitue la légitimité.

Si l'on voulait arguer de quelque défaut de formalités pour l'élection du roi, pour dire qu'il ne l'est pas par la volonté de la majorité des Français, on verrait que l'urgence devait y suppléer; que ce défaut de formalités a été rectifié par l'assentiment de toute la nation qui a envoyé des députations sans nombre vers le roi, assentiment qui a concouru à faire reconnaître notre gouvernement par les puissances, par le pape Pie VIII, qui a cru devoir marcher sur les traces de Pie VII, qui reconnut Bonaparte, et vint le sacrer comme empereur.

Le pouvoir du roi Philippe I*er*. est donc légitime; je ne crains pas de le dire, c'est être rebelle à l'ordre de Dieu, à l'autorité de l'Église, désobéir aux lois, que de ne pas reconnaître l'autorité du gouvernement actuel. Mais les ennemis du gouvernement de Philippe Ier. n'ont-ils pas su se convaincre, par les troubles qui ont été suscités par les agitateurs, lors du jugement des ex-ministres, que le trône de Philippe repose sur l'assentiment, sur le concours de tous les bons citoyens, sur l'accord unanime des Français. En effet, n'a-t-on pas vu la garde nationale, l'infanterie, la cavalerie, l'artillerie, la troupe de ligne, les écoles Polytechnique, de Droit, de Médecine, qui se sont immortalisées par leur courage, leur sagesse, leur prudence, leur magnanimité, leur longanimité (1), repousser les insinuations perfides de la malveillance, faire tous les sacrifices à l'ordre, à la tranquillité publique, bien mériter par là de la patrie, et acquérir des droits éternels à la reconnaissance de la capitale et de la France?

La nation, à l'exemple du roi Robert II, a choisi, même sans sortir de la légitimité, M. le duc d'Orléans. Parmi les princes du sang, c'était celui qui était le plus propre à gouverner; on

---

(1) On a vu des gardes nationaux supporter toutes sortes d'injures, et ne pas se servir de leurs armes, parce qu'ils prévoyaient qu'une étincelle au milieu de tant de matières combustibles pourrait allumer un incendie.

trouve en lui un bon époux, un bon père, un homme d'épée, un homme d'état, qui s'est montré grand dans le malheur. Loin de demander, de recevoir des secours de l'étranger, il a su vivre d'une profession honorable qu'il a exercée avec grandeur d'âme. « L'adversité forme les grands » hommes. » Philippe Ier. ne fait pas mentir le proverbe. Que de motifs pour nous attacher au trône de Philippe Ier., et nous faire repousser, combattre ses ennemis!

Nous allons tracer dans le chapitre suivant le tableau des malheurs qui fondraient sur la France, si le trône de Philippe Ier. venait à s'écrouler.

CHAPITRE IV.

LA RAISON, L'INTÉRÊT GÉNÉRAL, LE SALUT DU PEUPLE QUI EST LA SUPRÊME LOI, NOUS IMPOSENT L'OBLIGATION DE DÉFENDRE LE TRÔNE DE PHILIPPE 1ᵉʳ.

La raison est le flambeau que Dieu a donné aux hommes pour les éclairer dans le sentier ténébreux de la vie. C'est à la raison qu'il appartient de nous faire sentir le parti que nous avons à prendre dans la position où se trouve la France, les avantages du gouvernement sous lequel nous vivons qui est l'ordre le meilleur et le plus parfait, puisque ce n'est plus le règne de l'homme, du bon plaisir, mais celui des lois. L'égalité devant la loi, dont on parle tant depuis quarante ans, n'est donc plus un vain nom, mais une réalité. Notre souverain, qui sait que la France est le point de mire de l'Europe, a la noble ambition de vouloir faire adopter nos lois par les peuples qui ont les yeux fixés sur nous. C'est aux Français de seconder les efforts du monarque, de placer dans ses mains la force morale de l'opinion qui exerce dans le monde un si grand empire. En effet, n'est-ce pas l'opinion qui a changé la face de l'univers? qu'on juge ensuite de sa toute-puissance, et des prodiges qu'elle peut opérer, si l'opinion continue de se prononcer pour le gouvernement de Philippe, comme elle n'a cessé de le faire depuis les journées de juillet, comme elle ne cessera de le faire, parce que tous les membres de la Société sont intéressés à la conservation du gouvernement.

La France, ont dit les partisans de la discorde, est divisée en quatre partis. En partisans du gouvernement actuel, en napoléonistes, en carlistes, et en républicains.

La réflexion, l'intérêt, finiront par rapprocher les partis (1) par opérer leur fusion, leur réunion, et ne faire qu'un seul parti, celui du gouvernement de Philippe Ier; mieux vaut un gouvernement quelconque, que de n'en pas avoir : *in legibus salus*, le salut est dans les lois. Qui fait exécuter les lois? le gouvernement. Sans lois, dit Cicéron, il n'y aurait ni peuples ni villes ni nations, l'univers entier périrait. Il en est de même de la subversion d'un gouvernement que nous avons tous intérêt à maintenir.

---

(1) Nous ferons mentir un homme d'esprit qui a dit : « Il y a quelque chose qui finira par mettre les partis d'accord. Ce sera le Père Lachaise. »

Les ennemis de la France et de ses habitans tenteront tous les moyens de la renverser. Comme la France peut opposer une force redoutable, on suivra le conseil de Machiavel qui dit : « *Divide et impera*, divisez et vous régnerez. » On cherchera donc à semer la division entre le peuple et la garde nationale, entre la garde nationale et l'autorité civile, entre les départemens et Paris (1), qui verra le piége et saura vivre en paix avec eux. La garde nationale, qui veut l'ordre public, agira toujours de concert avec le gouvernement, à l'existence duquel sont attachées la tranquillité, la prospérité publique; car si le gouvernement venait à être renversé, on verrait toutes les calamités fondre sur la France, qui serait en proie au fléau de la guerre civile, aux horreurs de l'anarchie, à la fureur des partis qui se rueraient les uns contre les autres et s'extermineraient. Les instrumens dont se servent les partis dans l'intérieur seraient, en dépit de leurs craintes et de leurs espérances, les premières victimes et périraient dans les convulsions intestines; car, si la contre-révolution avait un moment de succès, la révolution immolerait sans

---

(1) L'étranger a juré de renverser Paris de fond en comble; qu'on se souvienne de la prophétie d'Isnard : « Le voyageur étonné viendra chercher sur les rives de la Seine où fut Paris. »

pitié tous ceux qu'elle regarderait comme ses ennemis. Que les chefs de partis, que les agens des factions jettent un coup d'œil sur le passé, qui est le miroir de l'avenir : ils verront l'assemblée des notables, les états généraux, la Convention, se succéder, les entrepreneurs de révolution et leurs auxiliaires périr les uns avec les autres ou les uns après les autres. Les Mirabeau, les Vergniaud, qui disait : « La révolution est un Saturne qui dévorera » jusqu'au dernier de ses enfans; » les Condorcet, les Danton, les Robespierre, me dispensent pour le moment de plus amples détails à ce sujet. Le gouvernement une fois renversé en France, ce ne serait donc que bouleversemens, que désastres, que pillage, que viol, qu'incendie, que meurtres, qu'assassinats. On verrait couler des torrens, des mers de sang; ce serait une vraie tour de Babel, car la dernière révolution étant comme on n'en a jamais vu, les conséquences seraient affreuses, si elle ne se régularisait pas, si l'on ne s'entendait pas pour faciliter au roi les moyens de maintenir l'ordre et de nous préserver d'une anarchie dont l'idée fait frémir. Bientôt on verrait toutes les sources de prospérités publiques se tarir, le crédit s'anéantir, les capitaux se resserrer, l'agriculture, le commerce (1), l'industrie, les arts se

---

(1) L'agriculture, le commerce, disait Sully, sont les

paralyser au milieu du désordre et de la confusion; on verrait se rouvrir les sociétés secrètes (1),

---

deux mamelles de l'État : aussi Henri IV, et Pitt, ministre anglais, prêtaient-ils à un très-modique intérêt des fonds au commerce. Ils raisonnaient avec justesse, car *ex nihilo nihil*, rien de rien. Si le commerce est sans activité, les commerçans pourront-ils payer leurs impôts ? Il était dans l'intérêt du gouvernement que les 60 millions fussent accordés au commerce, et que les 30 millions fussent prêtés le plus tôt possible, afin d'éviter des faillites, et qu'on ne fît pas éprouver des difficultés sans nombre aux négocians à qui l'on prête, ainsi que l'ont dit les journaux.

(1) On a prétendu que ces sociétés inspiraient des craintes, des terreurs imaginaires. Ces craintes ne sont pas imaginaires, elles sont réelles; car, il faut le dire, au risque d'être traité de visionnaire, il est une certaine secte qui conspire, non-seulement contre toute autorité, mais encore contre le corps social tout entier, et veut nous ramener à la vie nomade. Oui, il est des tigres à figure humaine, qui boiraient tout le sang de leur père dans le crâne de leur mère. Caligula désirait que le peuple romain n'eût qu'une tête pour l'abattre d'un seul coup. Il est des monstres à qui le fracas des empires s'écroulant l'un sur l'autre, sert d'amusement, et qui voulant s'élever sur les débris des trônes, sur les ruines de la société, sur des monceaux de cadavres et de cendres, désirent que le genre humain n'ait qu'une tête, pour l'abattre d'un seul coup. A quel temps étions-nous réservés ! C'est le cas de dire avec Cicéron : *ô tempora! ô mores!* Je ne sais quel auteur a révélé le secret des ennemis de tout-

les sociétés populaires (1), qui ont été signalées à la chambre des députés : ces sociétés, dont une prenait le nom d'ami du peuple (du fameux Marat, qui demandait trois cent mille têtes) accoucheraient bientôt du club des jacobins, qui demanderait, comme on l'a dit, les conséquences

---

gouvernement, dans les vers suivans, qui sont le tableau de leurs complots, auxquels les honnêtes gens, qui sont même dans leur sens, ne peuvent pas croire, mais qui n'en sont pas moins vrais :

>J'entre dans la sombre retraite
>D'une société secrète ;
>J'y lis ce plan fondamental :
>Au néant le pouvoir suprême,
>Haine éternelle à Dieu lui-même,
>Et guerre à l'ordre social.

(1) M. Dupin a dit, en parlant des sociétés populaires : « Il y a une France de trente-deux millions d'hommes qui ne demande pas le mouvement perpétuel, mais elle veut un gouvernement fort ; elle veut être gouvernée par le roi et les chambres, et non par les clubs. » M. Dupin a été l'interprète des vœux de la France : « On parle, dit-il, d'une loi pour organiser les clubs : j'espère qu'on ne les sanctionnera pas comme pouvoir, et que l'administration se souviendra que précisément parce qu'ils ont été bons à détruire un gouvernement, ils ne valent rien pour en soutenir un autre. »

Les clubs sont fermés. Que peut l'éloquence d'un homme qui en tient le sceptre !

de la révolution (1); on ne tarderait pas à voir reparaître les piques et les bonnets rouges et toutes les gentillesses du régime de 1793, qui était le gouvernement de la mort. En effet, les Français se disaient adieu le soir en se quittant, parce qu'ils n'étaient pas sûrs de se revoir le lendemain. Heureux si l'on ne renouvelait pas les journées affreuses de septembre! car, comme le dit Montaigne, quand la populace se déchaîne elle déchiquete les cadavres et s'en met jusqu'au coude. « Si » vous démuselez le tigre, disait Mirabeau, il vous » dévorera; il n'épargne personne. » Un homme d'un grand sens, voyant au commencement de la révolution des gens sourire aux humiliations et mauvais traitemens qu'on faisait éprouver aux nobles, dit : « Mais vous ne réfléchissez pas que » les charbonniers plus tard vous écraseront la » tête avec leurs sabots. » La dernière révolution n'a pas été signalée par des horreurs et des atrocités, il faut le dire à la gloire du peuple; mais elle fait exception à la règle. Il n'en serait pas de même s'il arrivait une nouvelle révolution.

---

(1) Quelles sont les conséquences de la révolution ? la loi agraire, le partage des biens, dont on a déjà parlé dans une société, comme si la loi agraire était possible. A Rome même elle n'eut pas lieu, car on ne partagea que les terres conquises.

La France, comme en 1793, courrait le risque d'être livrée aux horreurs de la famine (1) et de la misère, qui viendraient désoler le plus beau pays de l'univers, favorisé des regards du ciel, qui seul peut se suffire à lui-même et qui fait depuis long-temps l'objet de la convoitise de l'étranger. En effet, la France n'a-t-elle pas seule pendant vingt ans combattu contre l'Europe? Quelle indemnité ne lui a-t-elle pas payée? Ne paie-t-elle pas encore un milliard d'impôts? Aussi les puissances méditent-elles depuis long-temps de faire éprouver à la France le sort de la Pologne, de se la partager (2).

---

(1) « La faim, disait un Anglais lors de la famine de 1793, commence par rendre un animal furieux, mais elle finit par le tuer ou le subjuguer. » Quel calcul!!!

Il est nécessaire, indispensable, pour prévenir les troubles, que le pain soit maintenu à un prix tel que le peuple et le laboureur puissent vivre; car il est ou trop cher, ou trop bon marché. « La faim de mon peuple, disait l'empereur Yao, empereur des Chinois, est ma faim, » et Dieu lui accorda quatre-vingt-dix-neuf ans d'existence.

Le gouvernement doit aussi aviser au moyen de faire exister le peuple du fruit de son travail et de son industrie, puisque la famine et la misère sont les deux grands leviers dont se sert la malveillance pour soulever le peuple et provoquer des séditions et des révoltes.

(2) L'anglais Burke disait qu'il faudrait effacer la France de dessus la carte. Le grand, le profond Alexandre, dont

Calonne avait bien raison de dire : « Les maux de la France tiennent plus aux personnes qu'aux choses. On prend pour épuisement de ressources ce qui n'est que vice d'administration. » La France est donc une mine qu'il faut savoir exploiter ; c'est ce que saura faire notre souverain, que l'on verra,

---

la France et la postérité ne prononceront le nom qu'avec attendrissement, ne partageait pas l'opinion de Burke, puisqu'il disait : Il faut que la France soit grande et forte. — Le savant M. de Bonald, en parlant de la France, a fait une juste réflexion lorsqu'il a dit : « Rien de grand dans le monde politique ne s'est fait sans la France ; elle était dépositaire de toutes les traditions de la grande famille et de tous les secrets d'état de la chrétienté. » Il ajouta : « Rien de grand, j'ose le dire, ne se fera sans elle ; et ce qui lui assure à jamais cette prééminence et y met encore le dernier sceau, c'est l'universalité de sa langue devenue la langue des cabinets et des cours, et par conséquent la langue de la politique ! Sorte de domination la plus douce à la fois et la plus forte qu'un peuple puisse exercer sur d'autres peuples, puisqu'en imposant sa langue, un peuple impose en quelque sorte son caractère, et son esprit et ses pensées, dont la langue est la fidèle expression. » Peut-on ensuite ne pas être fier, ne pas tirer vanité d'être Français, d'appartenir à une patrie qui est impérissable, puisque le sort de l'Europe est lié à celui de la France ; car, comme l'a dit encore M. de Bonald, si la France venait à être effacée du milieu des nations, l'Europe entière ne comblerait pas le vide que laisserait son absence, et tous les Etats s'enfoniraient dans l'abîme qu'ils auraient ouvert.

comme l'a dit M. Dupin, à la chambre des députés, « déverser sur les gens de lettres, sur tous ceux qui cultivent les beaux-arts, le superflu que vous aurez mis dans ses mains. » M. Dupin nous a encore dit: « Dans le cours de notre longue révolution, nous avons essayé de tout ; nous tenons aujourd'hui notre ancre de miséricorde. » En effet, Philippe Ier. est l'instrument du salut public ; c'est sur sa tête que reposent les destinées de la France : lui seul peut arrêter, régulariser la révolution, c'est être fou que de croire que tout autre en aurait le pouvoir. C'est une grande vérité dont sont pénétrés les partis opposés à Louis-Philippe Ier., qui se rallient à son trône, parce qu'ils pensent avec raison que sa présence à la tête du gouvernement est une garantie contre l'anarchie. Je compare Louis-Philippe Ier. à la cheville du pont de Neuilly, qui tenait tout le pont ; sitôt qu'elle fut retirée, tout le pont s'écroula. Il en serait de même en France si les rênes du gouvernement cessaient d'être entre les mains du roi. Alors les Français ressembleraient aux compagnons d'Ulysse enfermés dans l'antre du cyclope, qui attendaient leur tour pour être dévorés; celui qui le serait le premier aurait l'avantage sur les autres. A la vie malheureuse que nous mènerions, nous n'aurions rien de plus pressé que de mourir. Mille morts seraient préférables au malheur d'être encore une fois les témoins des horreurs de l'anarchie, ainsi que nous l'avons été. Nous avons cru devoir vous en faire une esquisse.

Je terminerai cette brochure par la conclusion de l'opinion qu'émit M. de Coigny, membre de la Chambre des pairs, à la séance du 27 août dernier, lorsqu'il a prêté son serment, opinion qui sera la règle de la conduite des hommes qui pensent et qui réfléchissent. M. de Coigny dit : « Quelque affligé que puisse être mon cœur, il ne cessera d'être Français ; aussi je me hâte de reconnaître que, dans ce grand naufrage, le vaisseau de l'État reste encore debout, mais tellement battu par une mer orageuse, que, dans ma conviction, il n'est pas plus permis au mousse qu'au pilote de s'éloigner de son poste. J'obéis donc à celui qu'on vient de placer au gouvernail ; et je jure ici, sans aucune restriction verbale ni mentale, d'être fidèle à la Charte constitutionnelle et au roi Louis-Phlippe Ier. »

On reconnaît dans ce langage du cœur un dévouement sans bornes pour la patrie et le principe consacré par tous les publicistes : *Salus populi suprema lex esto*; que le salut du peuple soit la suprême loi.

Un des journalistes de l'opposition disait : Tous les gens de bien, quels qu'ils soient, doivent se rallier autour de l'ordre de choses actuel au nom du salut public et de la sûreté générale.

Ce journaliste partage l'opinion de Thalès, à qui l'on demandait ce qu'il y avait de plus fort au monde : « La nécessité, répondit-il, qui soumet les peuples et les rois. »

Mes chers compatriotes, au nom de la patrie, vivons en paix, défendons le gouvernement : le bien public, l'intérêt général nous en imposent l'obligation, si nous ne voulons pas être partagés comme la Pologne, ainsi que les puissances méditent de le faire. Au nom de l'humanité, que le sang humain ne coule plus parmi nous au gré de la fureur des partis; souvenons-nous de ce que dit J.-Jacques : « La liberté (1) serait achetée trop cher au prix du sang d'un innocent. » Ne faisons pas de la liberté une de ces divinités de l'antiquité, qui vou-

---

(1) « La liberté, disait Mirabeau, est une c.... qui ne se couche que sur des monceaux de cadavres. » La liberté dont il parle, c'est la licence ; car il y autant de distance entre la liberté et la licence qu'il y en a entre le soleil qui éclaire, et les flammes qui consument. Il en est de même de la liberté de la presse qui doit être un flambeau qui éclaire, et non une torche incendiaire. La licence de la presse tuerait la liberté. La licence de la presse a renversé le trône de Louis XVI, le trône de Charles X; elle renverserait le trône de Philippe Ier., si on ne la renfermait pas dans de justes bornes, ce que fera nécessairement le gouvernement : nous en avons pour garant la haute sagesse de Philippe, qui a dit, « Vengeance, jamais ! justice, toujours ! »

lait qu'on lui immolât des victimes humaines.

Comme nous avons vu les calamités, les catastrophes qui résulteraient de la subversion de notre gouvernement, de notre désunion, continuons donc à donner l'exemple de la soumission aux lois, de l'union que nous voyons régner; car l'union fait la force, on en trouve la preuve dans la fable des *Faisceaux* du bon La Fontaine, qui, unis, résistent à la robuste jeunesse, qui, désunis, sont brisés par la débile vieillesse. Jules César ne disait-il pas : « Si les habitans des Gaules étaient unis ils braveraient le monde entier.» Jules César avait raison; car le Français est le peuple le plus éclairé, le plus actif, le plus guerrier de l'univers.

La réflexion de M. Metternich prouve tout le pouvoir de l'union. « Attendons encore, dit-il, quelque temps; les Français, en 1789, ont traversé la liberté, et de secousse en secousse sont arrivés au despotisme; telle sera encore leur destinée. Ce serait un grand malheur pour nous s'ils conservaient du calme et de la dignité; tous les peuples suivraient leur exemple, et l'Europe entière deviendrait libre. » La France a fait et fera le contraire de ce que désirent ses ennemis, qui ne peuvent et ne pourront s'empêcher de l'admirer.

C'est donc cette union qui rendra la France inattaquable, qui réalisera la pensée de M. Dupin aîné. Si les ambassadeurs ont vu Paris se lever comme un seul homme, l'Europe à son tour verrait la France entière se lever aussi comme un seul homme pour défendre son territoire et sa liberté, ainsi que l'a dit M. Bignon (1). C'est cette union qui ressuscitera le cré-

---

(1) Le drapeau tricolore est, a-t-on observé avec justesse, le talisman de la liberté. Mirabeau, avec ces deux mots magiques : « Tout citoyen est soldat, tout soldat est citoyen, » a changé le système de l'Europe et la face de l'univers.

Le Constitutionnel, je crois, a émis une pensée neuve en parlant du drapeau tricolore : « Les couleurs nationales apprennent que la nation, le roi, et le gouvernement ne font plus qu'un en France, et que la trinité politique dont l'emblème brille dans notre drapeau est désormais invincible par son union. »

C'est cette union qui fera triompher la France de ses ennemis, ainsi que l'a dit avec tant d'énergie M. Bignon, ce grand écrivain que Napoléon avait désigné dans son testament pour écrire l'histoire de la diplomatie française pendant son règne.

« Le drapeau tricolore, emblème de l'ordre, dit M. Bignon, est placé sur nos remparts, comme le dieu Terme des Romains, pour marquer nos limites; mais il est immobile dans la paix. Au premier cri de guerre, il franchirait la frontière et marcherait en livrant ses couleurs au vent des tempêtes ; il serait à lui seul une armée; on le verrait non plus gagner des royaumes, non plus combattre pour se donner par les armes des alliés, mais soulever les peuples pour les lancer contre les rois, placer partout sur son passage des barricades, dépaver l'Europe,

dit, la confiance, qui fera rechercher notre alliance par l'étranger, qui fera fleurir l'agricul-

---

proclamer contre les nations une guerre civile universelle : disons-le hautement, une telle guerre serait d'extermination, et la victoire le chaos. Chargé d'une si terrible mission, le drapeau tricolore ne serait plus l'étendard d'un peuple humain et civilisé, ce serait l'emblème de la destruction ; ses conquêtes seraient des ruines, ses trophées des incendies ; comme sur les tours du Kremlin, lorsqu'il annonçait qu'elles allaient être englouties, il présagerait que le monde entier va sauter. » Ces désastres affreux seraient l'ouvrage des puissances si elles nous déclaraient la guerre, si elles prétendaient nous empêcher de nous gouverner comme nous l'entendons, et de nous donner un roi, qui, comme le dit encore M. Bignon, est pour l'Europe et pour nous l'homme nécessaire, l'homme indispensable. Elle doit autant que nous désirer la consolidation de notre gouvernement ; toute atteinte portée à l'existence de notre dynastie souveraine, serait une calamité pour toutes les dynasties européennes. S'il en était ainsi, les puissances ne pourraient s'en prendre qu'à elles, en voyant leurs trônes ébranlés, renversés, en voyant une partie des vainqueurs et les vaincus descendre ensemble dans le tombeau. La raison, la réflexion les préservera, ainsi que nous, d'un pareil malheur, qui serait inévitable si les armées étrangères voulaient entrer en France ; car le désespoir centuple la force et le courage. Les Français se diraient ; vaincre ou périr :

Una salus victis nullam sperare salutem.

Nos trois millions de gardes nationaux, notre popula-

ture, le commerce, l'industrie, les arts, qui procurera des travaux au peuple, et présentera le

---

tion en masse se lèveraient pour ne pas se voir une troisième fois exposés à l'humiliation, aux désastres, à la ruine de l'invasion dont nous avons déjà fait la triste épreuve.

Que les puissances voient dans l'histoire les résultats du désespoir: j'en citerai deux exemples frappans. Quelle fut la réponse des habitans de la ville d'Andros à Thémistocle, nommé pour lever des subsides sur les alliés ? « Général, vous nous avez dit hier que vous veniez accompagné de deux puissantes divinités, la force et le besoin, qui entraînent toujours à leur suite la persuasion; nous céderions à vos ordres si nous n'étions pas protégés par deux divinités encore plus puissantes que les vôtres, l'indigence et le désespoir, qui méconnaissent la force. »

Sans remonter à des temps aussi éloignés, ne voit-on pas un exemple de ce que peut le désespoir dans les Anglais vaincus à la fameuse bataille de Poitiers par le roi de France Jean. Il refusa les conditions qui lui furent faites par le prince de Galles, qui lui offrait la paix et une trêve de sept ans. (On ne fait jamais que des trêves avec les Anglais, sous le nom de paix.)

Le roi Jean croyait la victoire assurée, parce qu'il avait une armée de quatre-vingt mille hommes, lorsque les Anglais n'en avaient plus que huit mille. Les Anglais, réduits au désespoir, reprennent les armes, le roi Jean est fait prisonnier, emmené en Angleterre, et obligé de payer une rançon de trois millions d'écus d'or.

Charles X a été puni d'avoir écouté les conseils d'un ministre inhabile, qui lui fit licencier la garde nationale.

Rien n'est si dangereux qu'un ignorant ami,
Mieux vaudrait un sage ennemi.

spectacle attendrissant d'une famille dont Louis-Philippe Ier. veut être le père, et dont il fera le bonheur et la gloire.

P.-S. J'ai cru devoir émettre mon opinion dans les circonstances graves et difficiles où nous nous trouvons, voulant payer un tribut à ma patrie, et partageant l'opinion de M. Burke, qui disait, il y a trente ans: « Honneur à qui succombe en combattant pour la défense de l'ordre social; les débris de l'édifice dont la chute l'ensevelira au milieu de ses efforts pour le soutenir, seront pour sa mémoire un monument plus glorieux que tous ceux que pourraient lui élever les arts de la Grèce. »

La garde nationale, qui servit de rempart au trône, a été cause de sa chute. La présence de la garde nationale sauvera le trône de Philippe Ier. et la France.

FIN.

TABLE
DES MATIÈRES.

INTRODUCTION. . . . . Pag. 1
CHAPITRE Ier. Des inconvéniens des républiques. . . 7
CHAPITRE II. Des avantages de la monarchie. . . 22
CHAPITRE III. Le gouvernement de Philippe Ier. est-il légitime? L'Ecriture reconnaît comme légitime le pouvoir établi, et ordonne de lui obéir. Les papes eux-mêmes, dans l'antiquité et de nos jours, ont sanctionné ces principes. . 38
CHAPITRE IV. La raison, l'intérêt général, le salut du peuple, qui est la suprême loi, nous imposent l'obligation de défendre le trône de Philippe Ier. 47

FIN DE LA TABLE.

www.ingramcontent.com/pod-product-compliance
Lightning Source LLC
LaVergne TN
LVHW051512090426
835512LV00010B/2496